CONSEILS

AUX EXPROPRIÉS

SUIVANT LA LOI DU 3 MAI 1841

Par Albert ANGOT,

AVOCAT A LA COUR D'APPEL DE ROUEN.

ROUEN

Chez **DURAND**, Libraire-Éditeur, rue Saint-Lô, 40

ET CHEZ L'AUTEUR, RUE BEAUVOISINE , 130.

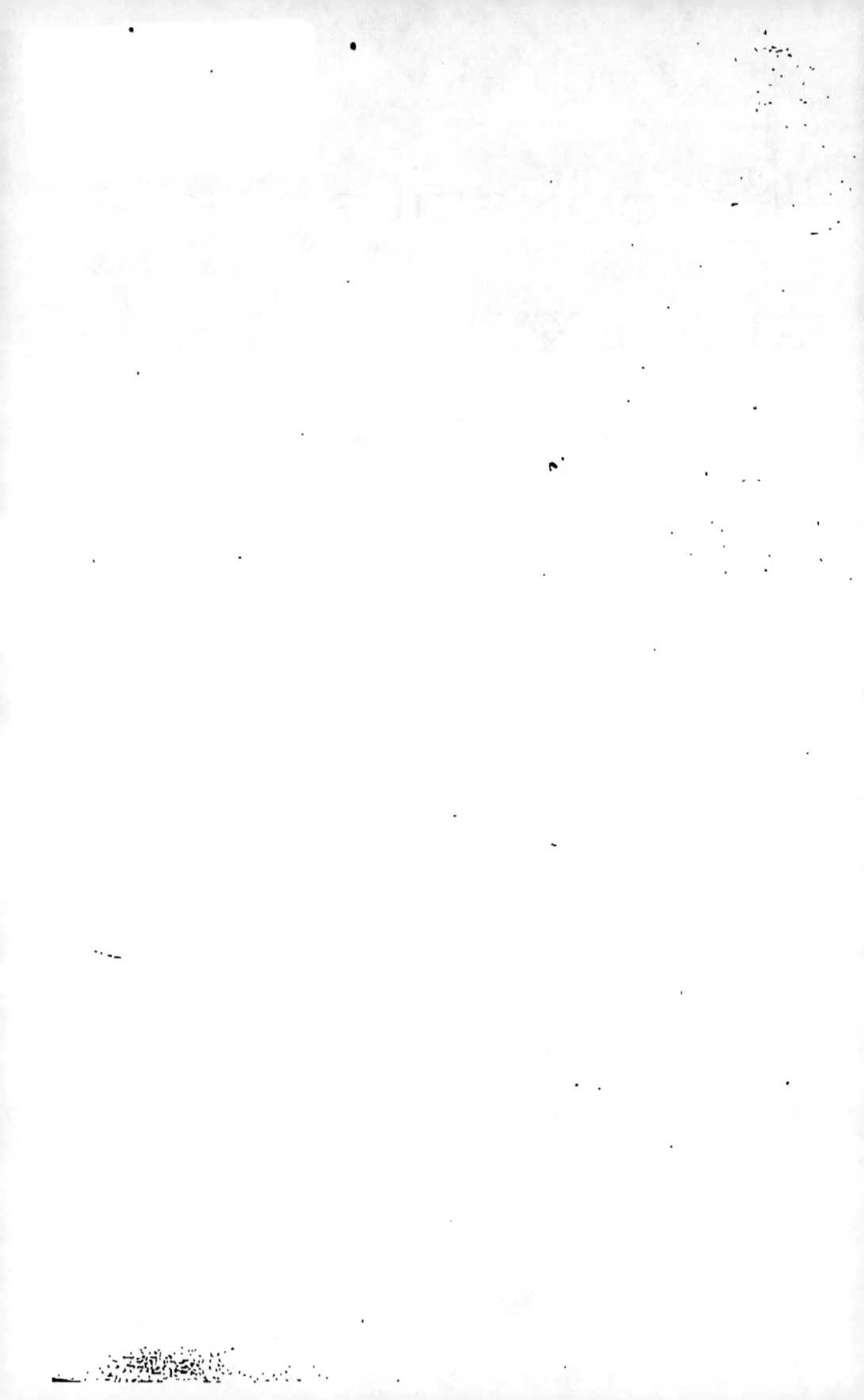

CONSEILS

AUX EXPROPRIÉS

SUIVANT LA LOI DU 3 MAI 1841

Par Albert ANGOT,

AVOCAT A LA COUR D'APPEL DE ROUEN.

———————>•<———————

ROUEN

Chez **DURAND**, Libraire-Éditeur, rue Saint-Lô, 40

ET CHEZ L'AUTEUR, RUE BEAUVOISINE, 130.

—

INTRODUCTION.

Les expropriations se succédant dans notre contrée, il nous a semblé utile de donner aux intéressés quelques conseils pratiques et quelques notions élémentaires en matière d'expropriation.

Il est bon de mettre l'exproprié plus en mesure de sauvegarder lui-même ses droits, ou, tout au moins, le guider dans la manière de faire défendre ses intérêts.

Une affaire d'expropriation est un procès comme un autre, où, avant tout, l'avocat doit être consulté.

En dépit de sollicitations intéressées, que l'exproprié reste libre dans le choix de son défenseur ou de son avoué.

Toutes indications utiles lui seront données, et ses intérêts n'en seront que mieux protégés.

C'est le premier conseil que nous donnons à nos lecteurs; et nous ne doutons point qu'ils ne s'en trouvent bien. D'autres conseils suivront dans le cours de ce mince volume, qui n'a d'autre prétention que d'être l'A B C des expropriés.

DE LA PROCÉDURE.

I.

DU DÉCRET D'EXPROPRIATION.— PROCÉDURE ADMINISTRATIVE.

L'expropriation. — Son but. — Décret d'utilité publique. — Sa publicité. — Premier arrêté du Préfet. — Dépôt du plan général : enquête de quinze jours. — Confection et dépôt du plan parcellaire : enquête de huit jours, lorsqu'il s'agit de travaux autres que les travaux communaux ou que l'ouverture et le redressement des chemins vicinaux. — Arrêté de cessibilité.

1. — Ce n'est point ici la place d'examiner au point de vue philosophique l'expropriation et sa moralité; qu'il nous suffise de dire qu'elle ne doit avoir lieu que dans un but d'utilité publique reconnue et constatée.

2. — Lorsque l'Administration a reconnu l'utilité d'un travail nécessitant une expropriation, le projet de ce travail est mis à

l'étude. L'Administration supérieure en est ensuite saisie, et, s'il y a lieu, le Chef de l'Etat rend un décret déclarant l'utilité publique.

Il faut alors exécuter le travail.

3. — Le décret est publié au *Bulletin des lois* et signalé le plus souvent par les journaux.

4. — Le Préfet rend un premier arrêté qui désigne d'une manière générale tous les endroits où s'opèreront les travaux.

5. — Un *plan général* de l'opération est annexé à cet arrêté, et déposé pour que le public en prenne connaissance.

6. — Une *enquête* est ouverte, afin que les intéressés fassent toutes observations utiles sur les conditions générales d'exécution. Cette enquête dure quinze jours.

7. — Un *plan parcellaire* est ensuite dressé. Il contient la désignation des propriétés atteintes et des propriétaires menacés par l'expropriation, tels qu'ils sont indiqués au cadastre.

8. — Ce plan est déposé dans chacune des mairies des communes où l'expropria-

tion doit avoir lieu, et mis à la **disposition** du public pendant *huit jours.*

Les intéressés agiront sagement en consultant ce plan. Leurs observations et réclamations seront consignées sur un **cahier** y annexé.

9. — Après l'expiration des **huit jours,** pendant lesquels le plan parcellaire a été mis à la disposition du public, une Commission présidée par le Sous-Préfet de l'arrondissement se rend au chef-lieu de la Sous-Préfecture.

Cette Commission reçoit pendant huit jours les observations des propriétaires et donne son avis. Si cet avis amène un changement de tracé, les propriétaires intéressés en sont avisés et ont un délai de huit jours à dater de cet avis pour formuler toutes observations utiles.

10. — La réunion de cette Commission n'est pas exigée par la loi, lorsque l'expropriation est demandée par une commune et dans un intérêt purement communal, ou lorsqu'il s'agit de travaux, soit d'ouverture, soit de redressement de chemins vicinaux.

11. — Le Préfet rend alors un arrêté, appelé *arrêté de cessibilité*, indiquant qu'il y aura lieu à la cession des propriétés. Toutefois, le Préfet doit surseoir jusqu'à ce qu'il ait été statué par l'Administration supérieure, lorsqu'il résulte de l'avis de la Commission qu'il y aurait lieu de modifier le tracé des travaux ordonnés.

II.

DU JUGEMENT D'EXPROPRIATION. — PROCÉDURE JUDICIAIRE.

Tribunal qui doit rendre le jugement. — Effets considérables du jugement d'expropriation : créanciers hypothécaires, usufruitiers, bénéficiaires de servitudes. — Publications. — Affiches. — Insertions. — Notification. — Transcription.

12. — Le Tribunal civil de l'arrondissement où sont situés les immeubles à exproprier prononce l'expropriation par un jugement.

Dans le cas où les propriétaires consentent amiablement à l'expropriation et dispensent l'expropriant des formalités ordonnées, le Tribunal se borne à *donner acte* de ce consentement et prononce l'expropriation.

Le jugement commet un Magistrat pour diriger les opérations du jury.

13. — Ce jugement a une importance considérable.

Il transfère à l'expropriant la propriété des immeubles qui y sont désignés ; et cette transmission a lieu franche et quitte de toutes hypothèques, servitudes et charges foncières quelconques. Les droits de créanciers, usufruitiers, bénéficiaires de servitudes..... etc., etc., se trouvent convertis en un simple droit sur l'indemnité à provenir de l'expropriation du fonds.

14. — Ce jugement, qui doit être transcrit, est publié et affiché dans les communes où se trouvent les biens expropriés. Il est, en outre, publié dans les journaux d'annonces légales et *notifié* par huissier à tous ceux dont le nom figure à la matrice cadastrale. Cette notification est faite au domicile élu par les propriétaires, dans l'arrondissement de la situation des biens, dans une déclaration faite à la mairie de la

commune où les biens sont situés; et, dans le cas où cette élection de domicile n'aurait pas eu lieu, la notification est faite en double copie au maire et au fermier, locataire, gardien ou régisseur de la propriété.

15. — S'il y a une erreur dans les noms portés à la matrice cadastrale, l'exproprié a tout intérêt à rectifier cette erreur le plus tôt possible. L'Administration, pour éviter ces sortes d'erreurs, envoie généralement à chaque exproprié ou présumé tel une lettre contenant la demande des nom et prénoms du propriétaire de l'immeuble. C'est une sage précaution que de répondre à cette lettre.

16. — Dans la quinzaine de la transcription du jugement, les privilèges et hypothèques conventionnelles, judiciaires ou légales, doivent être inscrits.

III.

DÉNONCIATION DES LOCATAIRES.

Délai de huit jours. — Importance de la dénonciation. — Sanction de l'obligation de dénoncer.

17. — Dans le délai de *huit jours* à

partir de la notification du jugement, le propriétaire exproprié doit dénoncer par exploit d'huissier, à l'Administration, tous les locataires habitant l'immeuble exproprié, soit à raison de baux écrits, soit à raison de baux verbaux, et, de plus, tous les droits d'usufruit, d'usage, d'habitation, toutes les servitudes pouvant grever l'immeuble.

Que le propriétaire exproprié ne néglige pas cette dénonciation ! Car il est responsable de cet oubli envers les ayants-droit. Il peut être condamné à des dommages considérables pour le préjudice que cet oubli leur aurait causé.

IV.
DES CONGÉS ET AVERTISSEMENTS.

Locataires sans bail écrit. — Locataires avec bail. — Valeur du congé et de l'avertissement. — Leur but.

18. — Les expropriants, trois ou six mois avant l'époque où ils veulent prendre possession des lieux expropriés, font presque toujours signifier un *congé*, surtout aux locataires d'immeubles sis en ville sans

bail écrit, et un *avertissement* aux locataires jouissant en vertu d'un bail écrit (1).

Ces congés et avertissements, nuls par eux-mêmes, ont un but pratique. Ils constituent pour l'expropriant une manière de faire savoir aux locataires jusqu'à quel moment il entend respecter leur possession ; à partir de quel jour, au contraire, il paraît utile qu'ils soient pourvus d'un autre local (2).

Malgré ce congé, les locataires peuvent se maintenir en possession des lieux loués, tant que l'indemnité à laquelle ils peuvent avoir droit n'aura pas été réglée.

V.
DES OFFRES.

Essai d'arrangement amiable.—Offres par huissier.— Délai pour répondre. — Silence de l'exproprié. — Conséquences.

19. — L'expropriant doit faire *l'offre* à chacun des expropriés de la somme à

(1) Voir, pour les délais en matière de congé, les articles 9, 10, 11, 12, 13, 14, 15, 26, 36, 42, 49, 50 et 147 du *Code des usages locaux* pour la Seine-Inférieure et surtout l'article 1774 du Code civil.

(2) Voir sur la question des congés, page 45.

laquelle il évalue l'indemnité qui peut être due.

Ces offres sont faites par un huissier ou par un agent assermenté.

20. — Il arrive souvent dans les grandes villes que l'on appelle, auprès de l'Administration, propriétaires et locataires pour essayer de terminer l'affaire à l'amiable. La ville de Rouen, notamment, a cet usage. Nous engageons l'exproprié à se rendre à cette invitation, après avoir pris l'avis de son avocat ; peut-être arrivera-t-il à terminer de suite son affaire, si les propositions de l'Administration sont acceptables.

C'est lorsque ces tentatives d'arrangement échouent, que les offres par huissier ont lieu.

21. — Le silence de l'exproprié équivaut à un refus. Il ne lui enlève pas le droit de réclamer telle indemnité qu'il avisera bien, mais il lui vaudra une condamnation aux frais nécessités par sa comparution devant le jury.

Il est quelquefois avantageux de ne point répondre aux offres. L'exproprié n'est pas toujours en mesure de calculer de suite le dommage que lui fera subir l'expropriation, et les frais du procès sont minimes. Néanmoins, il est plus régulier de répondre aux offres de l'Administration, après avoir pris l'avis de son avocat.

VI.

RÉUNION DU JURY. — ASSIGNATION.

Visite des lieux. — Plaidoiries. — Décision du jury. — Ordonnance d'envoi en possession.

22. — L'Administration, après avoir fait des offres d'indemnité, se met en devoir de réunir le jury et délivre une *assignation* aux expropriés.

Cette assignation indique le jour, l'heure, le lieu de la réunion du jury, les nom, prénoms des expropriés, les sommes offertes, enfin les nom, prénoms, profession et demeure de seize jurés titulaires et de quatre jurés suppléants.

C'est ainsi que l'exproprié arrive devant le jury.

Au jour fixé pour la réunion du jury, l'exproprié doit se rendre en personne au lieu indiqué ou se faire représenter par un mandataire, un avoué, par exemple, qui assistera son avocat.

La cause appelée, le jury composé, les immeubles expropriés sont visités, et les décisions relatives aux indemnités sont rendues après plaidoiries et délibéré.

23. — Ces décisions sont suivies d'une *ordonnance d'envoi en possession.*

VII.

RECOURS EN CASSATION.

Formes. — Délai. — Signification de pourvoi. — Renvoi devant un autre jury.

24. — La décision du jury est sans appel. Elle ne peut être attaquée que par la voie d'un recours en cassation pour violation de certaines formalités prescrites par les articles 30 § 1er, 31, 34 § 2 et § 4, 35, 36, 37, 38, 39 et 40 de la loi du 3 mai 1841.

25. — Le pourvoi en cassation se fait par une déclaration au greffe du Tribunal civil.

26. — Le délai pour se pourvoir est de quinze jours ; il court du jour où la décision a été rendue.

27. — Dans les huit jours qui suivent la déclaration de pourvoi, celui .qui s'est pourvu doit notifier son pourvoi à l'adversaire, à peine de nullité du pourvoi.

28. — Si la décision du jury est cassée, l'affaire est renvoyée devant un autre jury.

VIII.

PAIEMENT DES INDEMNITÉS.

Pas de délai imparti pour payer. — Intérêts des indemnités. — Défaut de paiement. — Droit de rester dans les lieux expropriés. — Locataires continuant à occuper l'immeuble exproprié.

29. — L'expropriant n'a pas de délai imparti pour payer ; seulement, si l'indemnité n'est ni acquittée, ni consignée dans les six mois de la décision du jury, les intérêts courent de plein droit à l'expiration de ce délai.

30. — Tant que le paiement n'a pas eu lieu, l'exproprié a le droit de rester dans les lieux expropriés et de se refuser à les livrer avant le paiement intégral de l'indemnité.

Le propriétaire exproprié dont les locataires continueront à occuper les lieux est fondé, tant qu'il n'a pas reçu le montant de cette indemnité, à percevoir ce qui peut être dû par eux pour cette occupation.

31. — C'est à l'exproprié à fournir les pièces nécessaires pour obtenir la délivrance de l'indemnité qui lui est due.

IX.

DU DROIT DE PRÉEMTION.

Ce que c'est. — Arrêté préfectoral déclarant qu'il y a lieu à rétrocession. — Fixation du prix des terrains rétrocédés.

32. — Un terrain acquis par l'expropriant peut ne pas être employé pour l'utilité publique. L'ancien propriétaire, lorsqu'un arrêté du Préfet a déclaré qu'il y avait lieu à rétrocession, peut, dans les trois mois de cet arrêté, demander, si bon lui semble, la *préemption* de ce terrain.

Le prix des terrains rétrocédés est fixé à l'amiable, et, s'il n'y a pas accord, par le jury, dans les formes ordinaires.

La fixation du jury ne peut, dans aucun cas, excéder la somme moyennant laquelle les terrains ont été acquis.

DES INDEMNITÉS.

X.

CLASSEMENT DES EXPROPRIÉS.

Division des expropriés en trois groupes : propriétaires, locataires, intervenants. — Situation faite aux créanciers hypothécaires, à l'usufruitier.

33. — Il s'agit maintenant d'examiner quels éléments les expropriés feront entrer en ligne de compte pour réclamer une indemnité.

A ce point de vue, les expropriés peuvent se diviser en trois groupes : propriétaires, locataires et intervenants.

Nous avons vu que les droits des créanciers, bénéficiaires de servitudes, etc..., se trouvent convertis en un simple droit sur l'indemnité à provenir du fonds. L'usufruitier ne pourra prétendre à une indemnité distincte de celle du nu-propriétaire. Le jury attribuera à ce dernier un capital; l'usufruitier jouira de ce capital sous caution.

34. — Nous n'avons donc à nous occuper que des trois catégories d'ayants-droit indiquées ci-dessus. Passons-les successivement en revue, en recherchant comment ils pourront calculer l'indemnité à réclamer.

XI.

PROPRIÉTAIRES.

§ I.

Indemnité pour un terrain bâti.

Valeur intrinsèque : prix du terrain, des constructions et restaurations. — Utilisation possible. — Revenus : revenu brut. — Charges. — Revenu net. — Revenu cadastral. — Capitalisation. — Remploi.

35. — Lorsqu'il s'agit de fixer une indemnité pour un terrain non bâti, le propriétaire peut procéder de deux façons différentes : en considérant ou la *valeur intrinsèque* ou le *revenu*.

36. — Deux éléments composent la *valeur intrinsèque :* le prix du terrain et le prix des constructions.

Les actes d'acquisition pourront servir à prouver le prix du terrain. D'un autre côté, l'exproprié ne négligera pas cependant de s'informer des ventes faites dans le voisinage, comme aussi du prix par lequel ont été payés à l'amiable les terrains *expropriés*, dans des conditions de voisinage et de position similaires. Il puisera souvent dans ces informations des exemples à l'aide desquels il pourra raisonner par analogie. Si l'on a payé un terrain voisin tant le mètre carré, il n'y a rien de surprenant à le voir attribuer à son terrain la même valeur relative.

Mais, comment établir le prix des constructions? C'est chose plus délicate. L'exproprié pourra estimer ses bâtiments comme s'ils étaient neufs, sauf à faire subir au chiffre de cette estimation une diminution en rapport avec leur ancienneté plus ou moins grande. La date des constructions, le prix moyen de revient des bâtiments à l'époque de la construction et à l'époque de l'expropriation, seront à prendre en considération. Il sera utile pour les expropriés de rechercher leurs devis, mémoires de travaux, factures de fournisseurs, tels que les entrepreneurs, menuisiers, peintres, serruriers, etc., etc.

37. — Les travaux de restauration ou de réfection ne devront point non plus être oubliés dans le calcul de l'indemnité.

38. — L'utilisation possible du terrain resté inutilisé peut entrer aussi en ligne de compte. Pourquoi le jury n'y aurait-il pas égard ? Il est évident, en effet, qu'un propriétaire avait, dans le parti qu'il pouvait tirer de son terrain, une valeur qu'il aurait comptée à son acquéreur en cas de vente. Une maison attenante à un grand terrain se vend en conséquence. Sans doute, il y a là une éventualité qui pouvait ne pas se réaliser pour l'exproprié ; mais, enfin, il y avait là une chance d'élévation de prix que l'expropriation fait certainement disparaître.

39. — Le second moyen de fixer la valeur d'un terrain bâti est d'établir le chiffre du *revenu* et de rechercher ce que ce revenu représente en capital.

A cet effet, l'exproprié rassemblera les baux écrits qu'il a passés avec ses locataires ; ou bien il se rendra dans les bureaux de l'Administration des Domaines, et demandera un duplicata des déclarations des baux verbaux par lui consentis, déclarations servant, on le sait, à percevoir les droits d'enregistrement.

Le propriétaire tiendra compte des augmentations de loyer qu'il aurait pu faire subir à ses locataires, augmentation qu'il n'a point fait subir pour certaines raisons, telles que : ancienneté du séjour des locataires dans l'immeuble, parenté ou alliance, bons rapports tirés de certaines circonstances, par exemple, de cette circonstance que le locataire vient de fonder une industrie qui doit se perpétuer dans l'immeuble et lui donner plus tard une nouvelle valeur ; de cette circonstance encore que le locataire succède à son propriétaire dans l'exploitation de son commerce, etc., etc.

40. — Voici le moyen d'établir le revenu *brut* du terrain bâti. Il faut songer à présent aux charges qui le grèvent pour arriver à chiffrer le revenu *net*.

Ces charges sont : l'impôt foncier, l'impôt des portes et fenêtres, lorsqu'il est stipulé à la charge du propriétaire, les frais d'assurances, d'éclairage au gaz de certaines parties de maison, les frais de vidange, les gages du concierge, les frais d'entretien de façades, le montant approximatif des grosses réparations possibles, etc., etc. L'exproprié fera bien de réunir, à cet effet, ses feuilles de contributions, sa police et ses quittances d'assurances, ses notes et factures, etc., etc.

41. — Si lors de l'expropriation, le revenu est diminué, soit par suite de l'abaissement du prix des locations, soit par suite de non-location, il ne sera point inutile de calculer le revenu net *moyen* pendant un certain laps de temps, et ce, à l'aide des baux expirés et même des baux courants.

Il peut encore sortir de ce travail un élément d'appréciation.

42. — Ce que l'on appelle le revenu *cadastral* servira aussi quelquefois de guide, par comparaison pour chiffrer le revenu moyen.

D'après certains calculs, pour obtenir le revenu vrai, actuel, probable, d'après l'Administration des Contributions directes, il faut multiplier le revenu cadastral par *trois unités vingt-huit centièmes.*

43. — Nous supposons le revenu net établi; il s'agit maintenant de déterminer le capital que ce revenu net représente; en d'autres termes, de déterminer le taux auquel ce revenu net a été perçu. Plus ce taux sera bas, plus le chiffre qu'on obtiendra en capitalisant sera élevé. Tout dépend ici des circonstances. Le taux du revenu peut être 6, 5, 4 $^3/_4$, ou 4 $^1/_2$ ou 4 %, pour telles ou telles raisons, nature du quartier, constructions très-anciennes ou récentes, que sais-je ? Il faudra donc, pour l'exproprié, établir avec soin les raisons qui l'ont fait abaisser plus ou moins le taux de capitalisation.

Il y a tendance chez les jurés à fixer en général le taux de capitalisation à 5 %.

44. — Un élément accessoire de l'indemnité, mais qui a bien aussi son importance, se trouve dans les frais nécessités par

l'emploi ou le *remploi* que le propriétaire fera des fonds que le paiement de l'indemnité va mettre entre ses mains.

En effet, si l'exproprié veut et doit, en cas de dotalité, acquérir un nouvel immeuble, 10 % et plus de frais seront nécessités par l'enregistrement et le paiement des honoraires du notaire. S'il veut acheter des valeurs sur l'État, il lui faudra débourser environ 1 fr. 25 c. pour 1,000 francs.

45. — D'un autre côté, si le propriétaire veut remplacer en immeubles, sa nouvelle acquisition ne se fera pas du jour au lendemain, et ses capitaux placés chez un banquier sérieux ne lui rapporteront le plus souvent que des intérêts dérisoires. Le résultat sera une perte d'intérêts. Il y a encore là une nouvelle cause d'indemnité que le jury peut prendre en considération, et qu'il n'est pas déraisonnable peut-être de fixer à 3 % .

✳

§ II.

Indemnité pour un terrain non bâti.

Immeuble *rural*. — Valeur vénale. — Arbres. — Morcellement. — Exploitation rendue plus difficile ou impossible. — Travaux nécessaires. — Perte de certains avantages. — Terrain *sis en ville*. — Expropriation partielle. — Perte relative de valeur de la portion restante. — Résumé.

46. — Jusqu'ici, nous ne nous sommes occupés que de l'indemnité à réclamer pour l'expropriation d'un terrain bâti; il importe de donner quelques idées générales sur la manière de calculer l'indemnité pour un terrain non bâti.

47. — Les titres d'acquisition devront être d'abord consultés pour établir combien l'on a acheté, soit l'hectare, soit le mètre carré.

L'exproprié s'enquerra du prix de l'hectare ou du mètre carré payé dans les dernières ventes qui ont eu lieu dans le voisinage ou dans la contrée, — surtout du prix qui a servi de base aux traités ayant pu intervenir entre certains expropriés de la région et l'Administration expropriante.

C'est le moyen de calculer la valeur intrinsèque du terrain.

En dehors de cette manière de calculer, il existe certains éléments propres à fixer l'indemnité et qui peuvent varier à l'infini, suivant que le terrain sera situé à la campagne ou bien à la ville.

48. — 1° *S'agit-il d'un immeuble rural ?*

Il ne faudra point négliger de faire entrer en ligne de compte les arbres fruitiers ou de haut jet existant sur le terrain. Il en sera de même d'une mare ou de clôtures que l'expropriation supprime, et qu'il faudra remplacer, etc., etc.

Le plus ordinairement, l'expropriation ne frappe que partiellement un fonds rural ; il en résulte une dépréciation plus ou moins considérable qu'il faut évaluer. Le morcellement d'une propriété en rend l'exploitation plus difficile et la culture plus dispendieuse. La partie restante peut devenir impropre au mode de jouissance auquel l'ensemble de l'immeuble était autrefois affecté. L'expropriation peut faire disparaître certains avantages, tarir une source, par exemple,

enclaver plus ou moins l'immeuble, néces-
siter certaines clôtures, certains travaux
destinés à coordonner le reste de la propriété avec la disposition ultérieure des
lieux, notamment pour la défendre contre
des éboulements, des inondations, etc., etc.,
ou pour utiliser ce qui n'est pas frappé par
l'expropriation.

Il ne faudra point non plus négliger la
perte de certains avantages attachés à la
possession, ou la perte de jouissance occasionnée par l'imminence de l'expropriation.

Des exemples nous feront mieux com-
prendre :

Tel particulier a, pour accéder à un fonds
par lui exploité, une servitude active de passage sur un terrain exproprié, servitude
qui va disparaître ; tel autre, propriétaire
riverain d'un cours d'eau ni navigable, ni
flottable, se trouvera privé du droit de pêche ;
certain, comme tous les habitants de sa
commune, n'aura plus la faculté, pour le
service de son exploitation, de faire abreuver
ses bestiaux à des eaux qui doivent être
détournées pour alimenter un canal ; cette

autre personne, dans la prévision d'une
prise de possession annoncée par le jugement d'expropriation pour une époque
devant précéder la récolte, mais retardée
ensuite à une époque beaucoup plus éloi-
gnée, n'aura point labouré son champ et
n'aura point fait de récolte; et ce propriétaire ayant un locataire arrivé à fin de bail
n'aura pu en trouver un autre dans l'in-
tervalle de temps assez long qui aura sé-
paré l'annonce de l'expropriation de la
réunion du jury... etc..., etc... Il y a
là autant de propriétaires intéressés dont
la situation diverse peut motiver des demandes d'indemnité.

2° S'agit-il d'un terrain *sis en ville ?*

Le prix du mètre carré dans le quartier,
l'utilisation possible du terrain seront à
considérer.

Si l'expropriation n'est que partielle, ses
inconvénients devront être indiqués.

Il est impossible de passer en revue tous
les chefs d'indemnité qui peuvent se présenter et les moyens de chiffrer leur importance. Les espèces varient à l'infini. Il

faudra avant tout s'inspirer des circonstances.

———————

49.—*En résumé*, les dommages qui sont la suite de l'expropriation embrassent, pour le propriétaire, suivant les circonstances :

1° La valeur vénale de l'immeuble exproprié ;

2° La valeur de convenance et d'affection ;

3° La dépréciation *résultant de l'expropriation* partielle ;

4° L'interruption des communications qui met la propriété en état d'enclave ;

5° *Le prix de* travaux à exécuter pour mettre en état ce qui reste de la propriété morcelée ;

6° La perte des avantages attachés à la possession ;

7° La perte de jouissance occasionnée par l'imminence de l'expropriation ;

8° Les déboursés qu'a entraînés l'expropriation ;

9° Les frais de remploi.

———————

§ III.

Réquisition d'EMPRISE TOTALE résultant d'une expropriation partielle.

Bâtiments expropriés partiellement. — Terrains morcelés. — Absence de fonds contigu. — Contenance de la partie restante.

50. — Les bâtiments dont il est nécessaire d'acquérir une portion pour cause d'utilité publique seront achetés en entier, si les propriétaires le requièrent par une déclaration formelle adressée au Magistrat-Directeur du Jury, dans les quinze jours qui suivent la signification des offres.

Il en sera de même de toute parcelle de terrain qui, par suite du morcellement, se trouvera réduite au quart de la contenance totale, si toutefois le propriétaire ne possède aucun terrain immédiatement contigu, et si la parcelle, ainsi réduite, est inférieure à dix ares.

§ IV.

Constructions et embellissements en vue de l'expropriation.

Bonne foi. — Constructions et embellissements. — Preuve de la mauvaise foi.

51. — Il est bien entendu que la plus en-

tière bonne foi présidera aux demandes et aux calculs des expropriés. L'expropriation ne doit point être pour eux une occasion de lucre. La loi a le soin de l'indiquer.

Ainsi, les constructions, plantations et améliorations, ne donneront lieu à aucune indemnité, lorsque, à raison de l'époque où elles auront été faites ou de toutes autres circonstances dont l'appréciation lui est abandonnée, le jury acquiert la conviction qu'elles ont été faites dans la vue d'obtenir une imdemnité plus élevée.

XII.

LOCATAIRES.

§ I.

Des locataires en général.

Locataires avec ou sans bail écrit. — Critiques de la sincérité du bail. — Locataires de biens de ville. — Locataires de fonds ruraux.

52. — Lorsqu'un locataire, par suite d'une expropriation, va se voir privé de l'immeuble dont il avait la jouissance, il lui est dû une indemnité, parce qu'il éprouve un préjudice plus ou moins sérieux.

53. — Il y a lieu alors d'examiner s'il a ou non un bail écrit, et si ce bail, à raison de l'époque où il a été consenti, ne peut être critiqué.

Sauf à examiner plus tard la situation juridique du locataire n'ayant qu'un bail verbal (1), supposons qu'il existe un bail écrit et que son existence ou sa sincérité soit à l'abri de toute critique ; il s'agit de rechercher quelles raisons générales les locataires peuvent invoquer pour se faire indemniser.

Il faut distinguer encore ici les locataires d'une propriété sise en ville et les locataires d'un fonds rural.

§ II.

Indemnité réclamée par le locataire d'un immeuble sis en ville.

1° Augmentation de loyer. — 2° Réinstallation et déménagement. — 3° Chômage. — 4° Perte de clientèle.

54. — Les éléments de l'indemnité réclamée par le locataire d'un immeuble sis en

(1) Voir page 44.

ville se réduisent en général à quatre chefs
bien distincts, que nous allons passer en
revue :

1° Augmentation de loyer ;

2° Réinstallation et déménagement;

3° Chômage ;

4° Perte de clientèle.

55. — 1° *Augmentation de loyer.* — Le
locataire qu'on oblige brusquement à dé-
placer son séjour et surtout l'exploitation
de son industrie, à l'époque où nous sommes, se trouve dans la nécessité de louer
un nouveau local, le plus souvent par un
prix supérieur et à des conditions relativement onéreuses. Il y a là un premier élément d'indemnité dont on peut donner la
formule suivante : l'indemnité doit être
environ égale au chiffre de l'augmentation
du loyer subie par année multiplié par le
nombre d'années que le bail de l'immeuble
exproprié avait à courir.

Sans doute, l'exproprié va recevoir de
suite une somme qui ne sera dépensée que
par portions, et dans un certain laps de
temps, et qui va porter intérêts, lesquels

intérêts se capitaliseront ; mais il ne faut pas perdre de vue que le locataire aura des charges, telles que contributions, patentes etc., d'autant plus lourdes que son nouveau loyer sera plus fort.

56. — 2° *Réinstallation et déménagement.* – Voici le locataire exproprié en possession d'un nouveau local; il va y transporter maintenant son industrie. C'est un bijoutier, un cafetier, un charcutier, un boulanger, un marchand de nouveautés, par exemple. Tout le déménagement et la réinstallation ne se feront pas sans frais, sans avaries pour les objets fragiles.

Comment fixer le chiffre de ces frais et de ces avaries ? C'est souvent chose difficile. Tout dépend des circonstances.

L'exproprié fera bien quelquefois de produire au jury les mémoires des dépenses qu'il a faites pour organiser son installation actuellement frappée par l'expropriation.

De deux choses l'une : ou l'exproprié s'est assuré un local nouveau, ou il n'a pu le faire.

Dans le premier cas, il ne sera point

inutile pour lui de faire établir par ses fournisseurs, entrepreneurs, peintres, décorateurs, marbriers, etc., etc., des devis approximatifs de son installation à venir.

Dans le second cas, le locataire établira les dépenses nécessitées par son installation aujourd'hui supprimée, en indiquant le surcroît de frais que la nouvelle organisation entraînera, à cause de l'augmentation générale de la main-d'œuvre, à cause de l'obligation de suivre les goûts du jour et de satisfaire d'une façon plus ou moins complète au confortable, au luxe et même aux caprices de la mode.

57. — 3° *Chômage.* — Le déplacement de l'industrie d'un locataire entraînera toujours avec lui une privation totale ou partielle de ses bénéfices pendant un certain temps correspondant à la durée de sa réinstallation. Le commerce se trouvera, pour ainsi dire, suspendu.

L'indemnité dépend ici des circonstances. Cependant, l'exproprié peut toujours établir avec ses livres son chiffre d'affaires, son bénéfice net quotidien en moyenne, et demander une somme équivalente au montant des bénéfices qu'il aurait réalisés pendant le temps correspondant à la durée présumée du chômage.

Si l'exproprié n'a pas de local assuré, il devra s'attacher à prouver qu'à raison de la nature de son industrie, il ne pourra trouver que très-difficilement un immeuble pour exercer cette industrie ; ou il s'efforcera de démontrer qu'il ne pourra vraisemblablement trouver cet immeuble avant telle ou telle époque.

58.—4° *Perte de clientèle.*—Il est certain que le déplacement d'une industrie ou d'un commerce ne s'opère point du jour au lendemain sans une perte de clientèle plus ou moins prompte, plus ou moins sensible. Quelquefois même, l'existence de ce commerce, de cette industrie, est liée de la manière la plus étroite au local dans lequel ils sont exploités ! Supprimer ce local, c'est détruire ce que dans la pratique on appelle le *pas de porte* ou *l'achalandage.* L'exproprié va perdre le fruit de la position exceptionnelle et de l'excellente tenue de son magasin, de l'ancienneté de son établissement dans le quartier. Les recettes baisseront et ne remonteront peut-être jamais au chiffre qu'elles atteignaient au moment de l'expropriation.

C'est à l'exproprié d'apporter au jury le plus d'éléments possibles pour apprécier dans ses formes les plus diverses le préjudice de tout genre qui peut se manifester et de bien indiquer, suivant les cas, que maint commerçant, qui a prospéré dans un milieu relativement modeste, mais dans une bonne situation de quartier, a trouvé une décadence rapide dans un milieu nouveau et relativement plus brillant.

59. — Nous conseillons aux expropriés d'établir en détail le montant de leurs demandes, en prenant pour base les divers chefs d'indemnité ci-dessus énumérés. Ce procédé sera souvent plus avantageux que celui qui consiste à demander une somme unique représentative de la valeur du fonds. La raison en est bien simple. L'expropriant ne manque pas de dire : « Ce fonds a coûté tant, ou vous le revendriez

tant; et vous demandez de votre fonds plus qu'il ne vous en coûterait pour en établir un semblable ! »

La valeur du fonds pourrait, néanmoins, servir de base à l'indemnité ; mais il faudrait y ajouter tous les bénéfices ultérieurs présumés dérivant de la possession de ce fonds, bénéfices sur lesquels l'exproprié était en mesure de compter.

Quel que soit le langage de l'expropriant, le locataire peut lui répondre : « Vous ne pouvez pas assimiler l'expropriation à une vente; si je vendais, ce serait quand l'instant favorable serait arrivé. Votre expropriation atteint mon fonds à un moment que, pour une raison ou une autre, je ne juge point propice. Ce fonds, je ne le vends point. Il ne s'agit point de savoir quelle valeur il peut avoir, mais simplement ce qu'il m'en coûtera pour me réinstaller dans les conditions où j'étais autrefois. »

§ III.

Indemnité réclamée par le fermier
d'un fonds rural.

Difficulté de tracer des règles spéciales. — Récoltes
avant maturité, luzernes, etc.— Défrichements. —
Marnage. — Travaux d'installation. — Expropriation partielle. — Situation du fermier vis-à-vis de
l'expropriant et vis-à-vis du propriétaire.

60. — Il est bien difficile de tracer des
règles pour fixer pareille indemnité.

Les récoltes de grains ou d'arbres fruitiers supprimées avant maturité pourront,
suivant les circonstances, et les agissements
de l'Administration, entrer en ligne de
compte pour un chiffre dont la base consis-
tera souvent dans l'ensemble des prix des
dernières mercuriales. Les frais de prépa-
ration de la terre, de fumure, d'ensemen-
cement, ne devront point être négligés.

La suppression de certaines récoltes,
comme les luzernes, se reproduisant pendant un certain nombre d'années, après
une première disposition du sol, donneront
matière à une indemnité spéciale et se
référant à ces années.

Le fermier qui aura fait des **travaux de** défrichement ou de marnage sur ses terres, des travaux d'installation et d'appropriation dans les bâtiments de la ferme qui lui était louée pour une série d'années, aura droit au remboursement de ses impenses, déduction faite de la valeur des avantages par lui déjà recueillis.

Autant d'espèces, autant de **manières de** calculer l'indemnité.

Quelquefois il sera utile pour le fermier de faire dresser des procès-verbaux de constat.

61. — Qu'on ne s'y méprenne pas, le fermier exproprié partiellement a une double position :

1° Vis-à-vis de l'expropriant, la position d'un locataire exproprié partiellement et ayant droit en cette qualité à une indemnité ;

2° Vis-à-vis de son propriétaire, la position d'un locataire privé par un événement de force majeure d'une partie de la chose louée.

A l'expropriant, le fermier demandera réparation du préjudice résultant pour lui de la privation d'une partie des lieux loués, et le remboursement des impenses à faire pour mettre ce qui restera de ces lieux en état de remplir leur destination, à moins que l'expropriant ne déclare se charger personnellement des travaux à exécuter pour mettre ces lieux en état.

A son propriétaire, mais l'expropriation terminée, le fermier pourra réclamer à l'amiable ou par voie judiciaire, en vertu de l'article 1722 du Code civil, une diminution de loyer.

XIII.
INTERVENANTS.

Personnes pouvant intervenir. — Bénéficiaires de servitudes, usagers, usufruitiers non dénoncés.— Locataires sans bail.—Formes et délais de l'intervention. — Situation spéciale du locataire sans bail écrit. — Indemnités *éventuelles*.

61. — Toute personne qui prétend avoir droit à une indemnité par suite d'une expropriation peut *intervenir*.

Ce sera, par exemple, le véritable propriétaire de l'immeuble non inscrit à la matrice des rôles; le voisin, qui réclame un droit de passage ou un droit de servitude quelconque; ce sera l'usager, l'usu-

fruitier qui n'a point été dénoncé à l'expropriant. Ce sera encore, soit le locataire
dont l'expropriant dénie le bail, soit le
locataire se prétendant mal congédié, c'est-
à-dire, en dehors des délais d'usage.

62. — L'intervention se fait par une
notification adressée par huissier au Magistrat–Directeur du jury, et à l'expropriant,
dans la huitaine qui suit la publication du
jugement d'expropriation.

Ce délai est fatal ; mais, bien souvent,
l'expropriant renonce à tirer parti de la
rigueur de ce délai, et les interventions
sont reçues jusqu'aux plaidoiries.

63. — L'intervention, pour être admise,
doit reposer sur un droit acquis ou invoqué ;
c'est le Magistrat-Directeur qui est juge
de son admissibilité.

Lorsque ce droit lui semble litigieux, le
Magistrat doit admettre l'intervention. Le
jury statue, mais l'indemnité qu'il prononce
est éventuelle, *hypothétique*, comme l'on dit,
c'est-à-dire, subordonnée à l'appréciation
ultérieure par les Tribunaux civils du bien
fondé de la réclamation de l'intervenant.

64. — Nous avons examiné plus haut la situation faite par l'expropriation au locataire ayant un bail écrit. C'est ici le moment d'examiner quelle est la valeur de l'intervention, en d'autres termes, la situation d'un locataire sans bail, ayant reçu de l'expropriant un congé dans les délais légaux et réclamant une indemnité, ou une indemnité supérieure à l'offre *d'un franc*, usitée en pareil cas.

L'expropriant tient toujours le langage suivant : « Le jugement d'expropriation m'a substitué à votre propriétaire. J'use du droit qu'avait ce dernier en vous donnant congé ; vous n'avez rien à réclamer. »

L'exproprié jouissant sans bail peut répondre que, sans l'expropriation, il serait resté dans les lieux loués comme précédemment, et que l'expropriation, en lui enlevant la possibilité de rester, lui cause un préjudice dont il est dû réparation. Il n'y a aucune assimilation à faire entre un propriétaire ordinaire et l'expropriant ; en effet, ce dernier n'acquiert que pour démolir, et il ne saurait, vu sa situation exceptionnelle, bénéficier du droit commun de donner congé sans indemnité.

65. — Lorsqu'un locataire sans bail écrit se présente, le Magistrat-Directeur accueille ses conclusions, sauf à faire fixer par le jury une indemnité *éventuelle* et subordonnée à l'appréciation par le Tribunal compétent du fonds du droit invoqué par l'exproprié.

Ce dernier, postérieurement à la décision du jury, pourra saisir le Tribunal compétent du point de savoir s'il était bien fondé à réclamer une indemnité, et si c'est à bon droit que l'indemnité a été accordée.

Disons que les tendances de la jurisprudence ne sont pas, en général, favorables aux expropriés. Il serait à désirer qu'une décision de la Cour de cassation vînt fixer définitivement la jurisprudence sur ce point qui a bien son importance.

Cette question de l'*éventualité* des indemnités ne peut guère se présenter que pour les locataires d'immeubles sis en ville. Le fermier, en général, cultive la terre par assolement, et les baux verbaux ont, suivant l'usage, et les termes de l'article 1774 du Code civil, une durée correspondante à la durée de l'assolement employé ou au temps nécessaire pour recueillir tous les fruits de l'héritage affermé. Le fermier n'est donc point, le plus souvent, à la merci d'un congé, comme le locataire urbain ; et alors le jury se trouve en mesure d'allouer autre chose qu'une indemnité hypothétique.

———

L'expropriation pour l'ouverture et le redressement des chemins vicinaux est régie par la loi du 21 mai 1836.

Son étude, au point de vue de la procédure, nous ferait sortir du programme que nous a tracé le titre même de cet ouvrage.

Terminons en disant que les règles que nous avons tracées pour calculer le montant des indemnités à demander, peuvent recevoir encore, dans ce cas, leur application.

TABLE DES MATIÈRES.

DE LA PROCÉDURE.

I.

DU DÉCRET D'EXPROPRIATION. — PROCÉDURE ADMINISTRATIVE.

II.

DU JUGEMENT D'EXPROPRIATION. — PROCÉDURE JUDICIAIRE.

·III.

DÉNONCIATION DES LOCATAIRES.

IV.

DES CONGÉS ET AVERTISSEMENTS.

V.

DES OFFRES.

VI.

RÉUNION DU JURY.—ASSIGNATION.

VII.

RECOURS EN CASSATION.

VIII.
PAIEMENT DES INDEMNITÉS.

IX.
DU DROIT DE PRÉEMPTION.

DES INDEMNITÉS.
X.
CLASSEMENT DES EXPROPRIÉS.

XI.
PROPRIÉTAIRES.
§ I.
Indemnité pour un terrain bâti.

§ II.

Indemnité pour un terrain non bâti.

§ III.

Réquisition d'EMPRISE TOTALE résultant d'une expropriation partielle.

§ IV.

Constructions et embellissements en vue de l'expropriation.

XII.

LOCATAIRES.

§ I.

Des locataires en général.

§ II.

Indemnité réclamée par le locataire d'un immeuble sis en ville.

§ III.

Indemnité réclamée par le fermier d'un fonds rural.

XIII.

INTERVENANTS.

Rouen. — J. LECERF, imprimeur de la Cour d'Appel et de la Mairie, rue des Bons-Enfants, 46-48.

www.ingramcontent.com/pod-product-compliance
Lightning Source LLC
Chambersburg PA
CBHW071006280326
41934CB00009B/2197